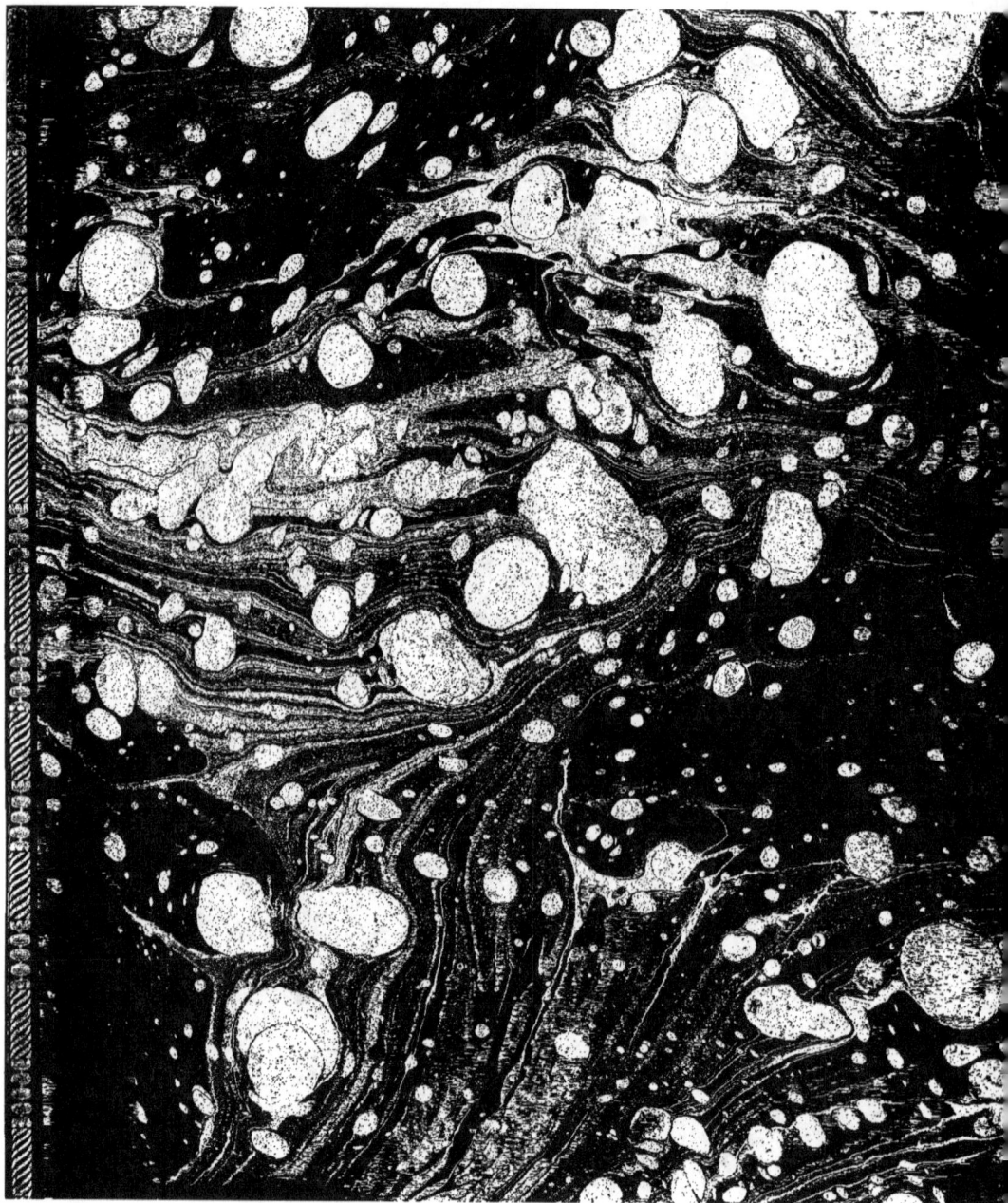

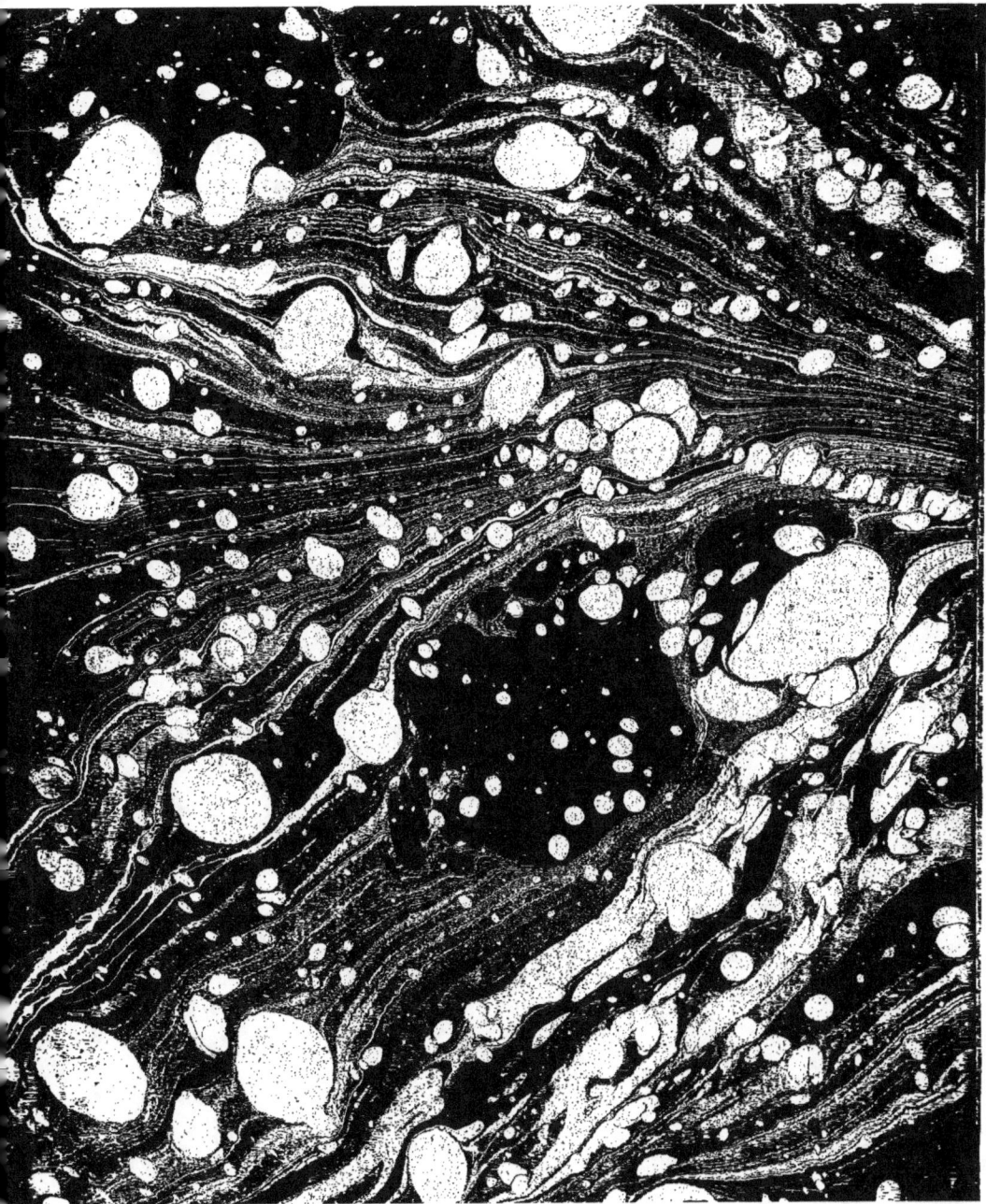

4° O 1740
Bb9.

Le texte est in 8° O 1740
Bbr

Ⓒ

VOYAGES

AU PÉROU,

FAITS DANS LES ANNÉES 1790 À 1794.

COLLECTION DE PLANCHES.

PARIS,

J. G. DENTU, IMPRIMEUR-LIBRAIRE,

RUE DU PONT DE LODI, N° 3.

1809.

LISTE

DES PLANCHES.

> La femme qui est représentée ayant un soleil en tête, et un tomahawk ou une hache à la main, est vêtue à la manière des femmes guerrières de la tribu des Yurimaguas. Selon les Indiens, le tomahawk est l'emblème de la royauté.

> Le jupon s'appelle *fudellin.* Ce vêtement est si large et si plissé, qu'il y entre au moins douze aunes d'étoffe ; et comme celle dont il se compose ordinairement est riche, il coûte très-cher. Les dames du Pérou dépensent des sommes énormes en parures et en bijoux.

> Le Poncho était le vêtement des indigènes avant la conquête. Il est ou de laine, ou de coton, ou même de paille tissue avec du fil. Les Péruviens de toutes les classes s'en servent à cheval, pour se garantir de la pluie et du froid. Le Poncho de paille est impénétrable à l'eau. On l'a donné récemment à la cavalerie espagnole.

Costume des Indiens, pour représenter l'Inca et sa femme.

Lamas.

Guerrier Indien, appartenant à une Tribu sauvage.

Tauréador ;
Champion du Combat du Taureau.

Vierge du Soleil.

Femme guerrière de la Tribu d'Yurimagua.

VIII.

Indienne, représentant Minerve Péruvienne.

Indien et Indienne, en habit de fête.

Dame de Lima, en grande parure.

Femme de Lima, de la classe moyenne.

Servante quarteronne de Lima.

Indien civilisé, revêtu du Poncho.

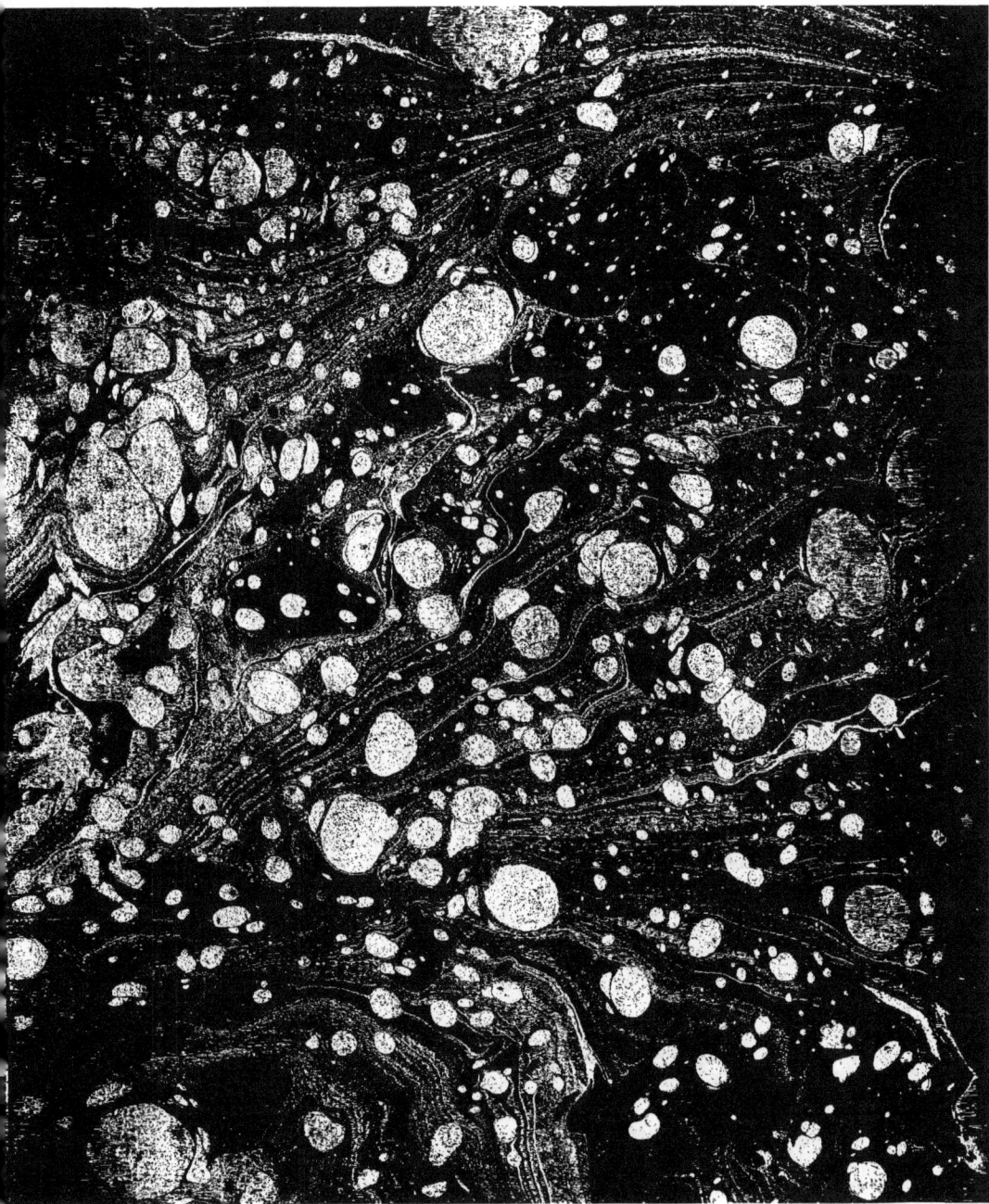

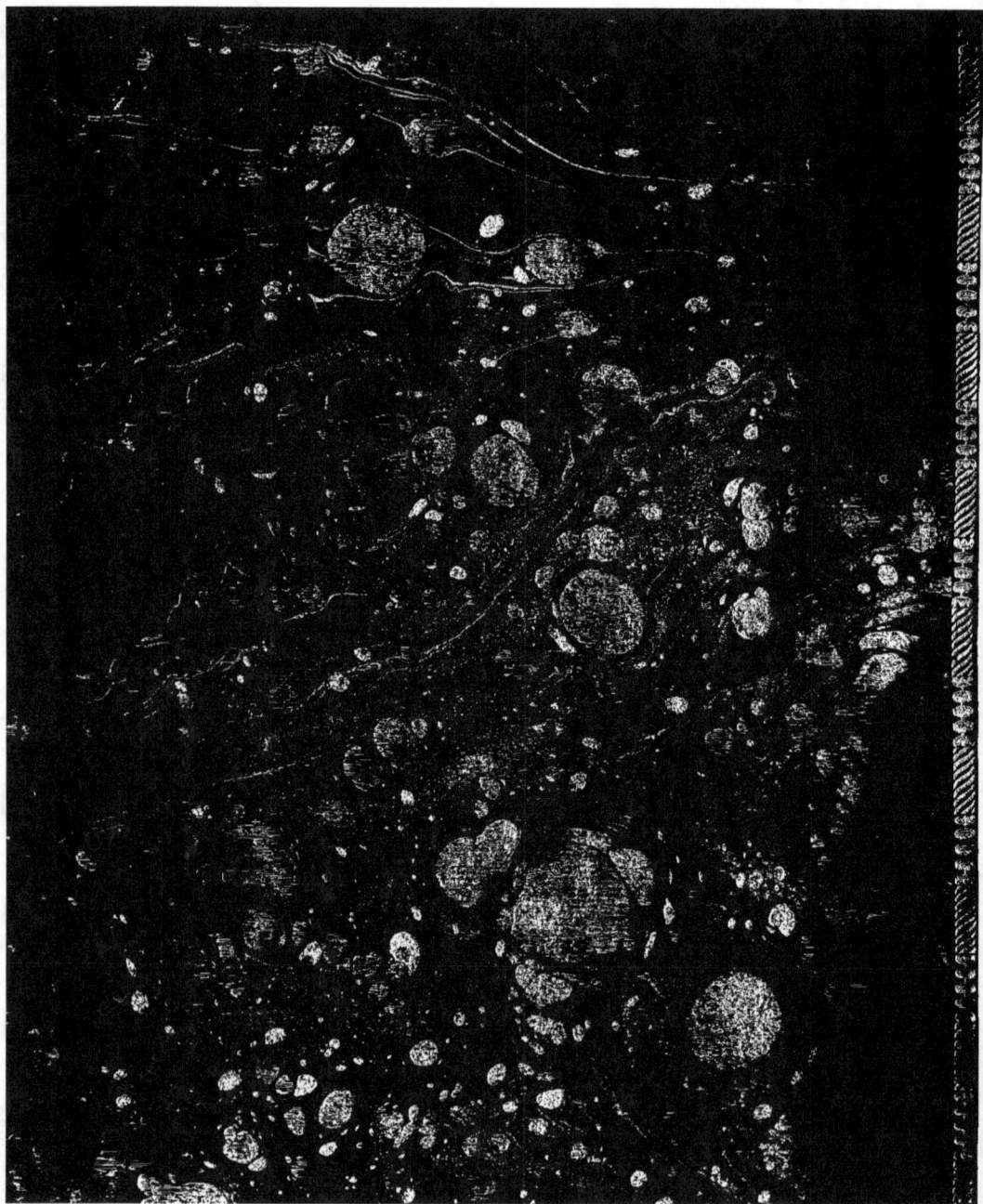

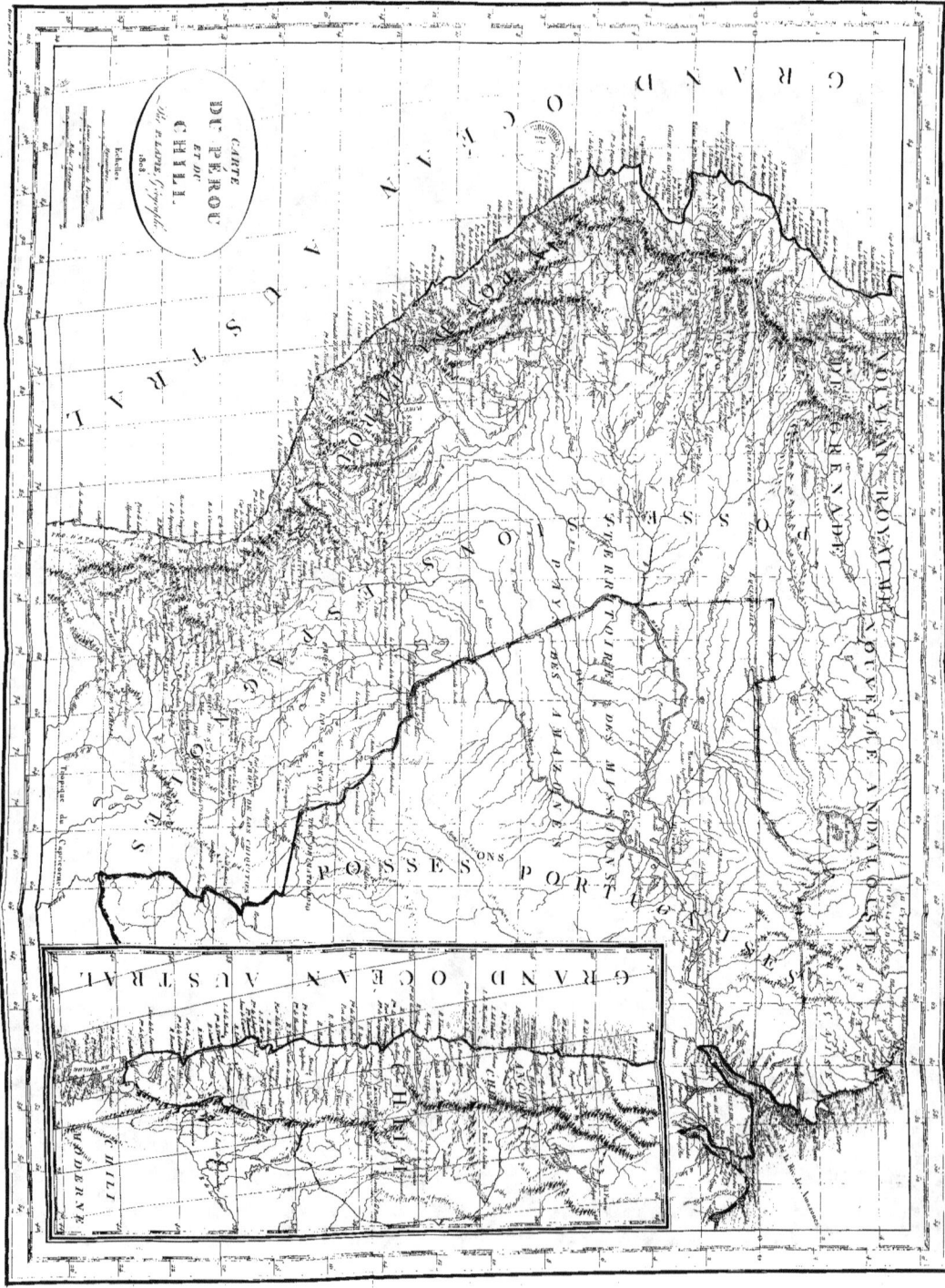

CARTE
DU PÉROU
ET DU
CHILI.
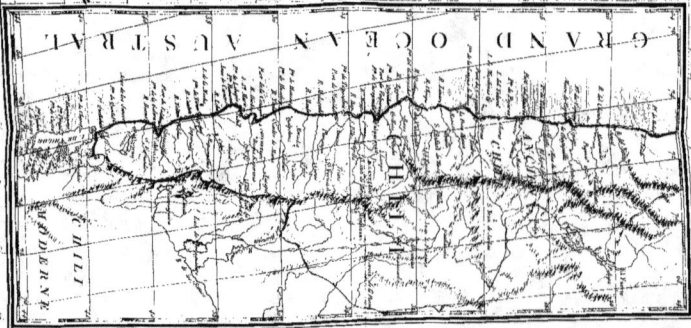

www.ingramcontent.com/pod-product-compliance
Lightning Source LLC
LaVergne TN
LVHW022030080426
835513LV00009B/965